A través de la Biblia

Encuentros con Dios...

Un programa de estudio para quienes quieren encontrar y conocer a Dios de forma personal.

Mary Ann Martínez

Marcasa Books

Publicado por
Marcasa Books
PO Box 5442
Caguas, Puerto Rico
00726-5442

© 2005 por Mary Ann Martínez
Todos los Derechos Reservados

Esta publicación no podrá ser reproducida por ningún medio, total o parcialmente –salvo por breves citas en las que se indique la fuente –sin previa autorización de la autora.
www.consejeria.net

ISBN 0-9763015-3-9

_____
Cómo contactar a la autora:

Dra. Mary Ann Martínez
PO Box 5442
Caguas, PR 00726-5442
mmartinez@consejeria.net

Para seminarios, talleres y conferencias:
www.consejeria.net/reservaciones-y-contactos.html
reservaciones@consejeria.net

Encuentros con Dios...
A través de la Biblia

Nombre:

_____

Fecha:

_____

*"Pidan, y Dios les dará; busquen,
y encontrarán; llamen a la puerta,
y se les abrirá.
Porque el que pide, recibe;
y el que busca, encuentra;
y al que llama a la puerta, se le abre."*
Mateo 7:7 (Dios Habla Hoy)

Notas:

Índice:

Introducción	7
Encuentro #1 Un Plan Perfecto	8
Encuentro #2 La Gran Pérdida	14
Encuentro #3 Relaciones Rotas	23
Encuentro #4 La Gestión de Dios	27
Encuentro #5 El Cumplimiento de una Promesa	31
Encuentro #6 La Decisión Más Importante	35

*Me buscarán
y me encontrarán,
porque me buscarán
de todo corazón.*
Jeremías 29:13

Introducción

Te felicito por tu interés en conocer más sobre Dios.

Sin importar las circunstancias que te llevan a iniciar este estudio, te garantizo que estás a punto de emprender un maravilloso viaje que te llevará al corazón de Dios. Ese es el lugar en donde te toparás con su incondicional amor por ti.

A través de esta aventura te encontrarás con un Dios de misericordia y perdón. No enfrentarás al Dios vengativo y castigador que a menudo presenta la tradición como un Ser que solamente está a la expectativa de que cometas una falta para ajusticiarte. Conocerás al Dios bíblico que se reveló a sí mismo para que pudiéramos conocerle tal y como Él es.

Aprenderás que tu Creador está tan fascinado contigo que fue capaz de llegar a los más dolorosos extremos para tocar tu corazón y darte nuevas esperanzas.

En este manual descubrirás 6 Encuentros que puedes estudiar a tu propio paso. Cada Encuentro contiene 3 partes principales; éstas son:
- Reflexiona... - En esta sección aparecen ideas sobre las que debes reflexionar antes de entrar en el tema central.
- Vamos a la Biblia... - Estudiarás la porción bíblica determinada para ese Encuentro.
- Aplicación... - Aplicarás lo aprendido sobre el tema, así como tus ideas personales.

Cada Encuentro contiene preguntas, ejercicios, información y tareas que puedes realizar para ayudarte a entender mejor el mensaje, a reflexionar y a aplicarlo a tu vida. Este manual está diseñado para que tengas la comodidad de hacer anotaciones, escribir preguntas que te inquieten y usarlo de la manera en que puedas sacarle mejor provecho. ¡Dios te bendiga!

Encuentro #1: Un Plan Perfecto

Reflexiona...

¿Te has fijado que cada día que pasa el mal en el mundo va en aumento? Día a día nos enfrentamos a situaciones y circunstancias negativas que son consecuencia de la maldad de los seres humanos. Parece como si nada pudiera detener esta ola de maldad y de pecado. La muerte, la destrucción, el odio, el materialismo, la inmoralidad, la tristeza, la soledad, la injusticia y la violencia son sólo algunos de los dioses paganos que tienen esclavizadas a las personas.

¿Cómo es posible que hayamos convertido el mundo en que vivimos en un campo de guerra donde sólo el más fuerte es el que tiene posibilidades de sobrevivir? La gente está triste, sin paz y sin esperanza. Viven como *robots*, siguiendo una misma rutina cada día... siempre en la misma monotonía.

En medio de todo esto no podemos evitar preguntarnos: ¿Dónde está Dios? Si realmente le interesamos, ¿por qué no hace algo por nosotros? ¿Por qué permite tanta maldad e injusticia?

Veamos cómo es que el mundo llegó a su estado actual. Es cierto que la sociedad en que vivimos no es precisamente el mejor ambiente para desarrollarnos como personas sanas física, emocional y espiritualmente.

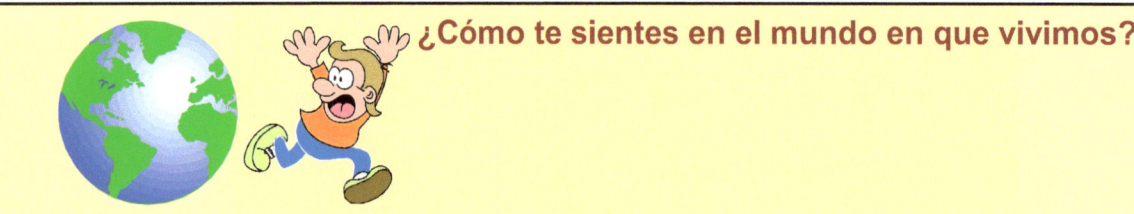

¿Cómo te sientes en el mundo en que vivimos?

Sin embargo, no siempre fue así...

Dios tenía planes perfectos para el ser humano. Estos planes estaban motivados por el gran amor de Dios hacia sus criaturas. Ese amor eterno Él nos lo muestra a cada momento.

El amor de Dios por nosotros es incondicional

Vamos a la Biblia...

EN EL PRINCIPIO

Lee detenidamente Génesis capítulo 1, versículos del 1 al 31.

¿De qué trata este pasaje bíblico?

_____

_____

¿Cuál era la condición de la Tierra en el principio?

_____

_____

Cuando la Tierra estaba en ese estado, ¿dónde estaba Dios?

_____

Vuelve a leer el pasaje con detenimiento. ¿Qué creó Dios en cada día?

Día 1

_____

Día 2

_____

> Cuando reina el caos y el desorden no quiere decir que Dios no está.
> En medio de la crisis Dios está allí para poner cada cosa en su lugar.
> Así es en nuestra vida. Hay veces que reina el caos, la oscuridad, el vacío, pero no quiere decir que Dios esté lejos de nosotros.
> Él solamente está aguardando a que le permitamos establecer Su orden en nosotros.

Día 3

_____

Día 4

_____

Día 5

_____

Día 6

_____

Según el versículo 31, ¿cómo era el mundo en el momento de la creación?

_____

Dios tiene unos planes perfectos para nosotros. Su voluntad es que seamos felices y que tengamos paz disfrutando de una relación personal con Jesucristo. De la misma manera que tuvo un plan perfecto para la creación del mundo, tuvo un plan perfecto cuando te creo a ti. En el momento en que la creación se estaba llevando a cabo, ya Dios te tenía a ti en mente. Isaías entendió esto muy bien y por eso escribió, en el capítulo 49 versículo 1:

> *"El Señor me llamó desde antes que yo naciera;*
>
> *Pronunció mi nombre cuando aún estaba yo en el*
>
> *seno de mi madre." (Versión Dios Habla Hoy)*

Volviendo a Génesis capítulo 1, vemos que es muy interesante lo que registran los versículos 26 al 28.

¿Qué entiendes al leer estos versículos?

_____

Dios Creador entregó toda la perfección del mundo en las manos del ser humano. ¡TODA SU OBRA, NUEVA, PERFECTA Y SANA, DIOS NOS LA DIO A NOSOTROS! Junto con toda la creación nos dio el *poder* para administrarla. Quedaba entonces de parte del ser humano ser un buen administrador o un mal administrador.

Entonces, el mundo en que vivimos hoy en día es sólo el resultado de lo que el ser humano ha hecho con él. Hay un refrán que dice que "cada cabeza es un mundo". Esto es cierto, cada persona tiene su propio "mundo"; y al igual que en el principio de la creación, Dios nos entregó el *poder* para administrarlo. Nuestra vida será el resultado de lo que nosotros hagamos con ella.

> Dios tiene un **plan perfecto**,
> tú decides si quieres
> entrar dentro de ese plan o no.
> Puedes escoger el camino
> que Dios te muestra
> o puedes escoger
> tu propio camino.
> El *poder* de decidir
> lo tienes en tus manos.

Aplicación...

¿Cómo te sientes al pensar que Dios, el creador de los cielos y la tierra, tiene un plan perfecto especialmente para tu vida?

_____

¿Crees que estás viviendo dentro del plan perfecto de Dios para ti?

_____

Anota cualquier reflexión adicional sobre algo que hayas aprendido en este estudio.

_____

_____

_____

_____

_____

Encuentro #2: La gran pérdida

Reflexiona...

Ya estudiamos acerca del plan perfecto de Dios para el mundo y para cada vida. Sin embargo, las cosas no resultaron tan perfectas. En algún punto del camino la perfección creada por Dios fue dañada y hoy estamos sufriendo las consecuencias.

¿Nunca te has preguntado cuál es el propósito de tu existencia? ¿Hacia dónde te diriges? Dios creó al ser humano con un fin especial: tener comunión con Él. Esa es la razón de ser de la vida.

¿No sientes como un gran vacío en tu interior en algunas ocasiones? Todos(as) lo hemos sentido en algún momento dado. Ese es el vacío que quedó en cada ser humano cuando se perdió aquella perfecta relación que tenía con Dios.

fíjate...

Dios creó al ser humano para que tuviera una estrecha relación con Él; de tú a tú; cara a cara. Cuando esa relación se echó a perder, el corazón del ser humano quedó con un gran vacío que solamente se podrá llenar cuando esa relación se restablezca.

> ¿Con qué cosas has tratado de llenar tu corazón?

Muchos (as) tratan de llenar el vacío de su corazón con posesiones materiales, con filosofías o religión, con relaciones con otras personas, con vicios... Estas cosas nos podrán dar una satisfacción pasajera, pero eventualmente nos sentiremos igual o más vacíos que antes. Todo esfuerzo es inútil: Lo que se perdió fue la relación con Dios y sólo una nueva relación con Dios nos podrá dar total satisfacción.

Vamos a la Biblia...

LA LEY DE DIOS

Lee el capítulo 2 del libro de Génesis en los versículos 8 y 9.

Según el versículo 8, ¿qué plantó Dios?

_____

Aparte de toda la hermosa creación, Dios preparó un lugar aún más especial para colocar al ser humano. Era un huerto que estaba localizado en un lugar llamado Edén. Allí Dios y el ser humano tenían una relación muy especial. Cada día Dios y sus criaturas se paseaban en medio del huerto y tenían una íntima comunión. El ser humano podía ver a Dios cara a cara sin sentir vergüenza ni culpabilidad.

En el versículo 9 dice que en medio de aquel lugar tan especial Dios colocó dos árboles. ¿Cuáles eran?

_____

Lee los versículos 16 y 17 de ese mismo capítulo 2.

En aquel entonces, no habían reglas muy complicadas ni leyes elaboradas que se tenían que cumplir. Solamente hubo una orden, ¿cuál fue?

_____

¿Te parece que fue razonable la ley que Dios le dio al ser humano en Edén? ¿Por qué?

_____

_____

¿Cuál era la consecuencia si desobedecían la ley?

_____

La acción del ser humano

Lee:

Génesis capítulo 3

versículos desde el 1 hasta el 13.

Aquí entra en escena un nuevo personaje: la serpiente. La serpiente representa a Satanás, el enemigo de Dios y del ser humano. Él trata de destruir todo lo que Dios hace y su fin es hacernos daño de tal modo que nuestra relación con Dios se pierda para siempre. La Biblia dice en el evangelio de Juan capítulo 10 y versículo 10 que Satanás viene "para hurtar, matar y destruir". En el Génesis Satanás tenía un propósito: que el ser humano desobedeciera a Dios. Veamos cómo se logró esto:

De una parte: Satanás	De otra parte: el ser humano
Tergiversó las palabras que Dios había dicho. Cambió la ley para confundir. (3:1)	Prestó su atención a lo que Satanás le estaba diciendo estableciendo un acercamiento con el enemigo. (3:2)
Minimizó las consecuencias de la desobediencia. (3:4)	Creyó las palabras que le dijo Satanás, antes que creer lo que Dios ya le había dicho. (3:6)
Cambio el concepto que ellos tenían de Dios al mentir acerca del carácter del creador. (3:5)	No tuvo en consideración la relación que hasta ese momento tenía con Dios sino que no le importó echarlo todo a perder, desobedeciendo. (3:6)

Según el versículo 1 del capítulo 3, ¿cómo tergiversó Satanás las palabras que Dios había dicho?

_____

_____

A través de la historia Satanás ha tratado, con engaños, de cambiar lo que Dios nos ha dicho. En ocasiones sabemos cuáles son las cosas que a Dios no le agradan. Sin embargo, de alguna manera, Satanás se encarga de que creamos que esas cosas no son tan malas como parecen. Así, llega el momento en que pensamos que las cosas buenas son malas y las malas, buenas. No nos damos cuenta que hemos sido engañados por un enemigo.

¿Cuáles serían las consecuencias de la desobediencia, según Dios?

_____

¿Cómo Satanás minimizó esas consecuencias?

_____

¿Alguna vez has escuchado a alguien diciendo:

Eso no es nada o *Todo el mundo lo hace* o *No hay nada de malo en eso*,

refiriéndose a algo en particular?

¡Cuidado!  ¡Cuidado!

Esa es una de las maneras en que minimizamos las consecuencias de la desobediencia a la palabra de Dios.

Una voz interior se mantiene diciéndonos que algo no está bien,

pero por otro lado

tenemos el pensamiento que dice: "eso no es nada malo".

Como verás, la historia del Génesis se sigue repitiendo día tras día.

Satanás trató de distorsionar, en la mente del ser humano, el concepto de Dios que ellos tenían. ¿Cuáles fueron las palabras de la serpiente a Eva en el versículo 5 del capítulo 3?

_____

_____

_____

Adán y Eva conocían a Dios. Más aún, lo conocían personalmente; caminaban con Él cara a cara a diario. Sabían de Su amor por ellos y sabían que Él no les mentiría. Como consecuencia de la experiencia que habían vivido con Dios (y basados en esa experiencia) ellos tenían un concepto formado en sus mente de *quién* era Dios y de *cómo* era Dios.

¡QUE MARAVILLOSO!

Tener un concepto de Dios

basado en una experiencia personal;

no porque alguien nos lo haya enseñado sino porque lo vivimos.

Fíjate bien cómo Satanás, muy astutamente, ataca el concepto que ellos tenían de Dios. Con sus palabras, lo que les quiso decir fue:

No le crean a Dios; Él les ha mentido.

No es verdad nada de lo que les ha dicho.

Sólo es un egoísta que no quiere que ustedes sepan lo que Él sabe.

¿Qué tuvo mayor peso para el ser humano, la voz de la serpiente o la voz de su propia experiencia con Dios?

_____

¿Quién fue responsable de lo que pasó?

_____

Las consecuencias

Tristemente, el ser humano tomó una mala decisión. Volvamos de nuevo al comienzo de la historia. Si lees con cuidado notarás que en el versículo 9 se registra que a través de todo el huerto había árboles y que entre esos árboles se encontraban dos que eran muy especiales:

El Árbol de Vida y El Árbol de la Ciencia del Bien y del Mal

¿Cuál fue la ley que Dios dio al ser humano? (Génesis 2:16-17)

_____

_____

Desde los comienzos de la humanidad Dios nos ha dado libertad de elegir lo que queremos. Esa libertad con la que nos creó es inviolable, hasta tal punto que ni siquiera Dios mismo la quebranta. Junto al árbol de la ciencia del bien y del mal estaba plantado el árbol de la vida; el ser humano tuvo la oportunidad de escoger entre la vida y la muerte. Ambas opciones estaban al alcance, ambas eran visibles, ambas eran viables. Lo más importante es que Dios advirtió de las consecuencias que acarrearía una mala elección: "*ciertamente morirás*".

¿Cómo comparas esto con lo que dice Deuteronomio 30:19? _____
_____
_____
_____

En cada momento de nuestra vida Dios nos permite ejercer la libertad de elección. Delante de nosotros se nos presenta el camino de vida y el camino de muerte. Tenemos que hacer la elección. ¿Escogemos la vida que Dios nos ofrece o escogemos la muerte con sus consecuencias? Las consecuencias de la desobediencia a Dios son:

> ¿Alguna vez has sentido que estás huyendo de Dios? ¿Has tenido la sensación de que no podrías encontrarte con Él por haber fallado? No importa cuánto tratemos de huir de Dios, Él insiste en buscarnos porque nos ama. Por eso, dice el versículo 9 que llamó al hombre y le preguntó: *¿Dónde estás tú?* Esa es la misma pregunta que te hace hoy: ¿Dónde estás tú, con relación a Dios? ¿Estás lejos; estás cerca; estás huyendo; te estás escondiendo?

1. LA CULPABILIDAD (GÉNESIS 3:8)

Se sentían tan culpables por lo que habían hecho que se escondieron de Dios; no podían tolerar el mirarle cara a cara después de haberle fallado.

2. EL MIEDO (GÉNESIS 3:10)

¡Tuvieron miedo de Dios; de su amigo! Momentos antes caminaban con Él, hablaban con Él cara a cara; luego sienten miedo. Ahora Dios era como un desconocido.

> Ya no se sentían seguros ante la presencia de Él. Perdieron aquella intimidad con Dios que les permitía vivir con perfecta paz espiritual. En ocasiones la figura de Dios se nos distorsiona y no estamos seguros de si nos toparemos con un Dios de paz, perdonador y que nos ama o si nos toparemos con un Dios airado, castigador y que reclama justicia. Esa es una consecuencia triste de la desobediencia: perder la intimidad con Dios.

> Lo más triste de la desobediencia es vivir sin la presencia de Dios en nuestras vidas. Se experimenta un sentimiento de soledad y desesperación que no nos permite tener paz.

3. LA PÉRDIDA DE LA PRESENCIA DE DIOS (GÉNESIS 3:23-24)

Toda la bendición de que gozaba el ser humano en el huerto de Edén le fue quitada. Ahora sería expulsado de aquel lugar y no le sería permitido regresar.

Aplicación...

¿En qué condición te sientes en relación a Dios?

_____

_____

¿Reconoces que Dios está constantemente buscándote?

_____

¿Sientes que el poder de decidir entre la vida y la muerte está en tus manos?

_____

¿Qué preocupaciones tienes en relación a tomar una decisión sobre tu vida espiritual?

_____

_____

Anota cualquier otra inquietud que tengas acerca de lo que has aprendido en este estudio.

_____

_____

_____

_____

_____

_____

_____

Encuentro #3: Relaciones Rotas

Reflexiona...

A través de la vida experimentamos muchas clases de dolores tanto físicos como espirituales y emocionales. Es terrible tener que sufrir por heridas que otros nos causan. Cuando somos heridos, en ocasiones sentimos que nunca sanaremos completamente.

Hay heridas emocionales que pueden ser todavía más dolorosas y profundas. Son las que nos causan aquellas personas a las que amamos. Cuando somos atacados y heridos por alguien que amamos, alguien en quien confiamos, nos parece que el sufrimiento es interminable y que no hay manera alguna de reponer o restablecer nuevamente esa relación. Entonces caemos en una especie de trampa que confunde nuestros sentimientos: dolor, odio, rencor, pena, incertidumbre, indiferencia...

Cuando hemos sufrido tal magnitud de dolor buscamos la forma de sobrevivir emocionalmente y tratamos de protegernos de futuros ataques que puedan causarnos heridas similares. Es entonces cuando recurrimos al uso de mecanismos que nos proveen cierta "seguridad": nos aislamos y tratamos de no establecer relaciones muy cercanas llevándonos a ser seres solitarios; nos convertimos en personas muy "duras" con otros y con nosotros mismos, mostrando indiferencia hacia todo aquello que nos pueda hacer parecer como "débiles": la ternura, el amor, la compasión; o quizás no tenemos reparo en herir a otras personas.

Todos, en alguna medida y en algún momento hemos sido heridos. La diferencia está en el impacto que esas heridas han tenido en nosotros. El problema es que en la mayoría de los casos no nos damos cuenta que en la actualidad aún estamos sufriendo a consecuencia de lo que nos hicieron en el pasado. Pensamos que todo quedó atrás, ignorando que en lo profundo del corazón quedan raíces de amargura que no nos permiten tener paz.

Humanamente hablando, es casi imposible perdonar a aquellos que nos han causado dolor. Sin embargo, la Biblia nos dice que lo que es imposible para nosotros, para Dios es posible. Tenemos esperanza de ser libres de esas raíces de amargura que nos atan y nos torturan.

En Jesucristo tenemos la oportunidad de dejar atrás el pasado, comenzar de nuevo y mirar hacia el futuro con la esperanza de unir lazos rotos y establecer nuevas relaciones.

Vamos a la Biblia...

Lee el capítulo 37 del libro de Génesis (versículos del 1 al 4).

La historia nos habla de un joven llamado José, hijo de Israel (Jacob), y de la relación que éste tenía con sus hermanos y su padre.

¿Cómo eran las relaciones entre esa familia?
_____
_____

¿Por qué José era tan especial para su padre?
_____

Lee los versículos 11 al 36.

¿Qué planes tenían los hermanos de José?

_____

_____

Hubo dos hermanos que evitaron la muerte de José, ¿quiénes fueron?

_____

¿Qué otro plan propusieron los hermanos?

_____

Según el versículo 36, ¿a dónde fue a parar José y cómo? _____

_____

Tenemos ahora al joven José en un país extraño, lejos de sus hermanos, lejos de su padre y de todo lo que amaba.

¿Te imaginas?

¿Alguna vez te has sentido como José? ¿Traicionado(a), abandonado(a), indefenso(a), herido(a)? ¿Sientes que has perdido todo lo que daba sentido a tu vida?

Algunos pensarían que esas son buenas razones para amargarse, para dejar de confiar en la gente o hasta para dejar de confiar en Dios.

> *La misericordia de Dios es tan grande que aún, en medio de la adversidad podemos ver su mano. Como ya aprendimos en estudios pasados, Dios siempre tiene un plan perfecto y para llevarlo a cabo utiliza medios asombrosos. Dios tenía planes con la familia de José. José sería el instrumento de bendición para su familia. Cuando sus hermanos trataron de hacerle mal no sabían que el Señor utilizaría la maldad de ellos y el sufrimiento de José para beneficio de ellos mismos. ¡Pensar que podemos ser de bendición para aquellos que nos hieren! ¿QUÉ TE PARECE? :*
> _____

> **En las manos de Cristo, no importa el mal que otros traten de hacernos, siempre resultará en bendición para nuestras vidas y aún para la vida de los que nos persiguen.**

¿SABES QUÉ?

Aunque todos te fallen,

aunque el futuro parezca incierto,

aunque sientas que estás sólo;

nada de eso cambiará

la incuestionable realidad de que

Dios te ama y de que

Su mano está siempre sobre ti.

Génesis 39:21 dice que "Jehová estaba con José y le extendió su misericordia..."

A pesar de la circunstancia en que se encontraba José, él sabía que Dios no lo había abandonado y que, de alguna manera, Dios usaría su desgracia para bendición.

La historia de José es extensa y llena de aventuras maravillosas en las que se movió la mano de Dios. Lee los capítulos 39 al 46 para que conozcas todos los detalles de cómo terminó la historia.

Aplicación...

No hay una mejor manera de vivir en paz que perdonando a aquellos que nos han herido o pidiendo perdón a aquellos a quienes hemos hecho daño. Sólo tú sabes cuál es tu caso y lo que necesitas hacer para liberarte de esa carga.

¿Hay alguna persona con la que necesites reconciliarte o arreglar algún asunto?

_____

Pídele al Señor que te ayude a hacerlo. El (La) tutor(ra) puede orar contigo sobre este asunto y puede ayudarte.

Encuentro #4: La gestión de Dios

Reflexiona...

¡Qué decepcionante resulta planificar algo y que no resulte como pensábamos! ¿Te ha sucedido? Con mucho entusiasmo sueñas con eso, lo planificas, lo llevas a cabo, pero no resulta como tú querías. Rápidamente nos sobrecoge el desánimo y la desilusión.

Ahora, ¿qué hubieras hecho si antes de llevar a cabo tu empresa ya tienes la seguridad que no va a resultar como tú quieres? Probablemente no te molestarías en intentarlo, porque nos gusta que las cosas vayan como planeamos.

¿Sabes que Dios, el Creador, se encontró en esa situación? Si Dios es omnisciente (que todo lo sabe), ¿crees que Él no sabía que el ser humano le iba a desobedecer? ¿Crees que no lo sabía aún antes de crearlo?

Esto es parte de lo incomprensible y sublime que es el amor de Dios. Un amor tan inmensurable que nos dio la existencia aún a sabiendas de que le seríamos infieles. ¿Qué estaría en la mente de Dios mientras creaba el mundo? ¿Qué estaría en su corazón mientras formaba a los seres humanos que Él sabía que le fallarían?

Dios estaba pensando en ti. Dios estaba pensando en cada uno de nosotros.

¿Recuerdas el pasaje de Isaías 49:1?

"Jehová me llamó desde el vientre, desde las entrañas de mi madre tuvo mi nombre en memoria."

> **Cuando pensamos en todo esto tenemos que coincidir con el autor del Salmo 139:13-18:**
>
> *Porque tú formaste mis entrañas; tú me hiciste en el vientre de mi madre. Te alabaré; porque formidables, maravillosas son tus obras; estoy maravillado, y mi alma lo sabe muy bien. No fue encubierto de ti mi cuerpo, bien que en oculto fui formado, y entretejido en lo más profundo de la tierra. Mi embrión vieron tus ojos, y en tu libro estaban escritas todas aquellas cosas que fueron luego formadas, sin faltar una de ellas. ¡Cuán preciosos me son, oh Dios, tus pensamientos! ¡Cuán grande es la suma de ellos!*

Nuestro Dios no se conformó con que "la obra de sus manos" se descarriara. Antes que el ser humano decidiera no seguir el plan perfecto de Dios, ya Él tenía elaborado el plan para rescatar, no sólo a aquellos que creó en un principio sino a toda la humanidad, incluyendo a las generaciones postreras. Ya en el Génesis, cuando maldijo a la serpiente, Dios habló de su plan de salvación para el ser humano. En el capítulo 3 y versículo 15 leemos:

"Y pondré enemistad entre ti y la mujer, y entre tu simiente y la simiente suya; ésta te herirá en la cabeza, y tú le herirás en el calcañal."

De la descendencia de una mujer nacería uno a quien la serpiente (Satanás) heriría en el talón, pero que éste le heriría de muerte en la cabeza. A través de todo el Antiguo Testamento vemos a Dios en su gestión de salvar a la humanidad. Constantemente estuvo llamando al arrepentimiento al ser humano.

De la misma manera y con el mismo amor que nos llama hoy a nosotros. ¿Has sentido su llamado de amor?

Vamos a la Biblia...

Lee Isaías 61 versículos 1 al 3.

¿De quién está hablando el profeta Isaías?

_____

Isaías ya estaba hablando de Jesucristo más de cinco siglos antes de que Jesús naciera. Al libro de Isaías se le llama "El Quinto Evangelio" por la gran cantidad de profecías que contiene acerca de Jesús. En este pasaje se refiere a Jesús y su misión aquí en la tierra.

Cristo es el ungido de Dios. El vino a (completa la tabla según el pasaje bíblico):

EL VINO A:	QUE	QUIEN
predicar		
vendar	-------------	
publicar		
publicar		
proclamar		-------------
proclamar		-------------
consolar	-------------	

29

Cristo vino a traernos esperanza de vida plena y abundante, no sólo en la eternidad sino también aquí y ahora. Una relación personal e íntima con Cristo produce (como dice el versículo 3):

_____ en lugar de **ceniza**

_____ en lugar de **luto**

_____ en lugar de espíritu **angustiado**

Aplicación...

¿Qué beneficios traería para la humanidad la llegada de Cristo?

_____

_____

¿Cómo nos beneficia a nosotros HOY?

_____

_____

_____

Escribe algunos pensamientos, ideas o inquietudes relacionadas con esta lección:

_____

_____

_____

_____

_____

Encuentro #5: El cumplimiento de una promesa

Reflexiona...

Dios siempre cumple lo que promete; Él lo cumple en Su tiempo. No a nuestro antojo o a nuestro capricho, sino en su tiempo. Él sabe lo que es mejor para nosotros y lo que nos conviene. Dentro de nuestra debilidad podemos pensar que Dios nos ha fallado o que ha llegado tarde, pero no es así.

No olvides que:

Dios ve desde la eternidad hasta la eternidad.

Él puede ver más allá de nuestras limitaciones.

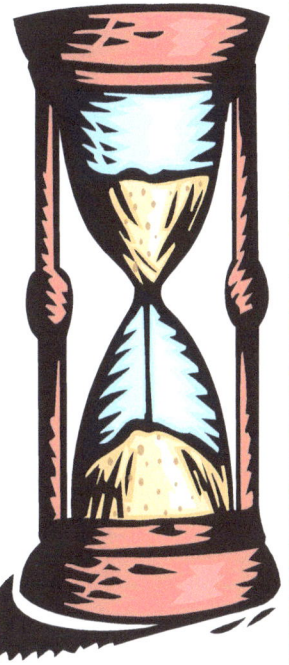

Pasó mucho tiempo; en realidad pasaron muchos siglos para que se hiciera realidad el cumplimiento de la promesa de la llegada de un Salvador que traería solución al problema del pecado del Ser humano.

El Señor nos dice en Isaías 55:8-9:

Porque mis ideas no son como las de ustedes, y mi manera de actuar no es como la suya. Así como el cielo está por encima de la tierra, así también mis ideas y mi manera de actuar están por encima de las de ustedes. (Versión Dios Habla Hoy)

Vamos a la Biblia...

Hace casi dos mil años atrás, en la ciudad de Galilea llamada Nazareth comenzaron a suceder una serie de eventos asombrosos que, seguramente, causaron gran conmoción en el pueblo. Una mujer llamada María, un hombre llamado José y un ángel llamado Gabriel fueron los protagonistas de aquellos acontecimientos.

Lee Mateo 1:18-25

¿Qué nos relata este pasaje?

_____
_____
_____
_____

¿En qué situación se encontraba María?

_____
_____

¿En qué situación se encontraba José?

_____
_____

¿Por qué crees que José quiso dejar a María? (Mateo 1:19)

_____
_____

> Si estamos dispuestos a entregarle el corazón al Señor, y (al igual que María y José) realmente queremos que Él haga Su voluntad en nuestra vida, Dios se encargará de <u>todos</u> nuestros asuntos.

Tanto María como José fueron obedientes a la voluntad de Dios. Fueron escogidos para una misión muy especial: **TRAER AL HIJO DE DIOS AL MUNDO**. Ambos se arriesgaron a enfrentar la ley de aquella época. María estaba desposada (esto es comprometida en matrimonio), pero aún no se habían unido. Si José no hubiese creído que María había concebido del Espíritu Santo, pudo haberla acusado de adulterio y el castigo era la muerte.

Sin embargo, Dios intervino para que esto no sucediese; ¿cómo? (versículo 20)

_____

Dios tiene sus formas de tratar con nosotros. Si estamos dispuestos a obedecerle y a hacer Su voluntad, Él hace todo lo que sea necesario hacer. A veces nos resistimos a entregarnos a Jesucristo completamente porque pensamos que será muy difícil cumplir, que no podremos salir adelante o que podríamos meternos en problemas con otras personas.

¿Qué nombres le darían al niño?

_____

¿Cómo interpretas el significado de esos nombres?

_____

_____

_____

_____

Aplicación...

La raza humana, desde el principio, pecó contra Dios. Ese pecado le cerró la entrada ante la presencia de Dios en el cielo y cortó la comunión que podía tener con el Creador aquí en la tierra. Desde ese momento **todos nosotros** adquirimos una deuda con Dios por el pecado que cometimos contra Él. Para ser salvos del pecado y restablecer la comunión con Dios es necesario pagar la deuda. La Biblia dice (Romanos 5:12) que por la desobediencia de un ser humano se arrastró a toda la humanidad a la muerte espiritual; de esta misma manera, por la obediencia de un ser humano toda la humanidad podría tener esperanza de vida eterna (Romanos 5:19). Era necesario que alguien pagara con su vida la deuda por el pecado de toda la humanidad para con Dios.

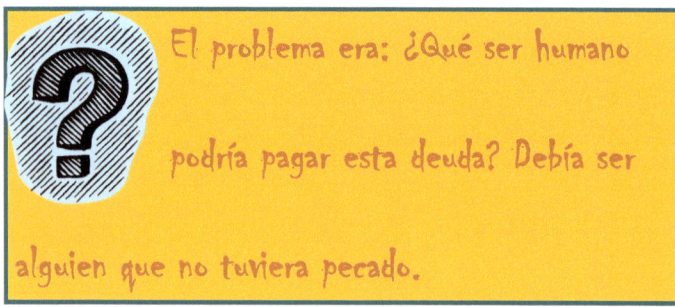

El problema era: ¿Qué ser humano podría pagar esta deuda? Debía ser alguien que no tuviera pecado.

¿Quién es el único que no tiene pecado?

_____

Dios mismo tuvo que hacerse hombre y pagar la deuda. Es por esto que vino Cristo para tomar nuestro lugar y pagar con su vida la deuda que todos tenemos con Dios. En el momento de aquel nacimiento, Dios tomo forma humana en la persona de Jesucristo su Hijo (dentro del misterio de la trinidad). Desde el principio Dios sabía lo que habría de sufrir su Hijo.

Dios estuvo dispuesto a entregar a su Hijo Jesús para que nosotros pudiéramos ser salvos. ¿Crees que valió la pena?

_____

Encuentro #6: La Decisión Más Importante

Reflexiona...

La historia de la vida de Jesús no nos es totalmente desconocida. De alguna u otra forma, todos conocen algo acerca de Jesús; cada quien tiene un concepto diferente de Él de acuerdo a su propia experiencia, conocimiento y necesidad. Para algunos es el Hijo de Dios (Dios mismo), un profeta, un hombre ejemplar o simplemente uno más que afectó la historia.

¿Recuerdas cómo Adán y Eva tenían una experiencia personal con Dios y cómo tuvieron la oportunidad de conocerle tal cual Él es?

En realidad no importa la opinión que podamos formarnos de Dios, porque Él es como es y no va a cambiar sólo para amoldarse a nuestro concepto *humano* de la Divinidad.

PARA TI, ¿QUIÉN ES JESÚS?

¿Qué significa el nombre de **Cristo** en tu vida?

¿Has tenido alguna experiencia con Cristo que te permita formar tu propia opinión?

¿QUÉ PODEMOS HACER ENTONCES?

DEBEMOS BUSCAR A DIOS DE TAL FORMA QUE PERMITAMOS QUE ÉL SE NOS REVELE TAL Y COMO ÉL ES Y NO COMO NOSOTROS *CREEMOS* QUE ES ÉL.

A través de la historia de la humanidad Dios se ha estado revelando al ser humano. En cada evento de trascendencia así como en cada aparente insignificancia, Dios se revela. Tanto en tiempo de paz como en los tiempos de guerra; ya sea con los galardonados o con los mártires; en la abundancia o en la escasez... a cada minuto de la existencia humana Dios ha estado hablando. La pregunta es: **¿Ha escuchado el ser humano la voz de Dios?** Y si la ha escuchado, **¿qué ha respondido?**

Así lo hace en tu vida

Lo maravilloso de Dios es que es suficientemente grande y poderoso para tratar con toda la humanidad de forma colectiva, pero lo suficientemente personal, cuidadoso y amoroso para tratar contigo de forma individual.

El quiere y puede cuidar de cada detalle de tu vida

A través de toda tu existencia, Dios también se te ha revelando. En cada evento de trascendencia así como en cada aparente insignificancia, Dios se te revela. Tanto en tiempos buenos como en los tiempos menos buenos; ya sea en tus éxitos o en los fracasos; en la abundancia o en la escasez... a cada minuto Dios te ha estado hablando.

La pregunta es:

¿HAS ESCUCHADO LA VOZ DE DIOS? Y SI LA HAS ESCUCHADO, ¿QUÉ HAS RESPONDIDO?

Vamos a la Biblia...

La revelación de Dios más excelente tuvo lugar hace más de 2000 años en la persona de Jesucristo. El vino a revelarnos, de forma palpable, cómo es Dios.

Hoy nosotros tenemos Su palabra, la Biblia. En ella Dios se nos revela de modo que podamos conocerle, especialmente a través de la vida, muerte y resurrección de Su Hijo Jesucristo. Es en la Biblia que el Señor nos confronta con nuestra cruda realidad: **LA CONDICIÓN EN QUE NOS ENCONTRAMOS DELANTE DE ÉL.**

Para conocer de forma más detallada la vida de Jesús, lee los cuatro Evangelios: Mateo, Marcos, Lucas y Juan. En ellos leerás acerca de la vida de Cristo y de su gran amor por ti.

Lee Romanos 3:23

Según este texto, ¿quiénes pecaron? _____

¿A quiénes incluye esa afirmación? _____

TODOS NOS ENCONTRAMOS EN LA MISMA SITUACIÓN. Todos, sin importar qué valores morales tengamos, qué estilo de vida vivamos o qué religión o falta de religión tengamos, hemos pecado contra Dios.

Lee Romanos 6:23

¿Cuál es la consecuencia de nuestro pecado? _____

La muerte no es sólo física. Cuando nos encontramos en la miserable condición de pecadores, según la Palabra de Dios, estamos muertos espiritualmente. Nuestro espíritu está de espaldas a Dios y, por lo tanto, estamos muertos en nuestra relación con Él.

¿Qué esperanza nos da la segunda parte de este texto? _____

Ante la muerte física no podemos hacer nada, somos impotentes. Sin embargo, aún estamos a tiempo para remediar la condición de muerte espiritual.

La alternativa es Cristo

Lee Juan 10:10

La frase "el ladrón" se refiere a Satanás.

¿Cuál es el objetivo de Satanás?

_____

¿Por qué crees que Jesús le llama "ladrón"?

_____

¿Cuál es el ofrecimiento que nos hace Jesús?

_____

Lee Juan 1:12

¿De quién habla este versículo? _____

Según este versículo, ¿quiénes pueden ser hijos de Dios?

_____

¿Cómo podemos tener la potestad de ser *hijos de Dios*?

_____

Cuando recibimos a Cristo en nuestro corazón y le pedimos que Él entre en nuestra vida, Dios (a través del Espíritu Santo) comienza una obra hermosa en nosotros. Experimentamos paz con Dios y la bendición de vivir bajo la voluntad de Él. El apóstol Pablo decía "no vivo ya yo, mas vive Cristo en mí". En un acto de fe, pedimos al Señor que perdone nuestros pecados y que venga a habitar nuestro corazón.

A través del sacrificio de Cristo en la cruz nuestros pecados son lavados por la preciosa sangre que derramó en la cruz. Entonces, cuando Dios nos mira ya no nos ve con nuestros pecados y faltas sino que nos ve a través de la imagen perfecta de Jesús (que vive en nosotros). Se vuelve a establecer la comunión con el Padre que una vez se perdió.

Aplicación...

Lee Apocalipsis 3:20

Jesús está llamando a la puerta de tu corazón

Tener un encuentro con Jesucristo es una experiencia única:

Cuando te topas con el Maestro, tu vida jamás vuelve a ser la misma. La Biblia dice: "El que está en Cristo nueva criatura es, las cosas viejas pasaron, he aquí todas son hechas nuevas."

Tarde o temprano en la vida, todos tenemos que tomar una decisión con relación a Jesús:

Aceptarle como Señor y Salvador o rechazar su sacrificio en la cruz del Calvario.

Hoy te toca decidir. ¿Quieres aceptar a Cristo en tu corazón y que de ahora en adelante sea el Señor de tu vida?

Puedes orar así:

Señor, reconozco que soy pecador(a) y que no he vivido de acuerdo a lo que tú quieres de mí. Te pido por favor que me perdones y que tu Hijo Jesucristo venga a morar en mi corazón. Quita de mi vida todo aquello que no te agrada y ayúdame a vivir dentro de Tu voluntad. Anota mi nombre en el libro de la vida. Confieso desde este momento que Jesucristo es mi Salvador y el Señor de mi vida. En el nombre de Jesús, amén.

Acabas de hacer la decisión más importante de tu vida. Ahora comienza una nueva y maravillosa aventura de fe. Acabas de nacer a una nueva vida y, como todo recién nacido, requieres unos cuidados especiales para que comiences a crecer y a madurar espiritualmente.

He aquí algunos consejos que te ayudarán:

- Debes ser discipulado(a); únete a un grupo de estudio bíblico. Éste te ayudará a crecer en la Palabra de Dios y en la fe.
- Busca una congregación donde se predique la verdadera Palabra de Dios. Cuando la encuentres hazte miembro de ella para que eches raíces y aprendas a servir en la obra del Señor. (Pide dirección a Dios).
- Lee la Biblia TODOS LOS DÍAS. Estúdiala.
- Ora diariamente. Mantén la comunicación con tu Padre y pídele que te dirija en todos tus pasos.
- Comparte con otros la experiencia que has tenido. Muchos necesitan oír acerca de Cristo. Tú eres un instrumento de bendición de Dios.

Hoy comienzas una nueva vida: ¡Adelante en Cristo!

Fecha en que tomaste la decisión:

_____

Escribe tus pensamientos y cómo te sientes en Cristo:

_____

_____

_____

_____

Comentarios:

_____

_____

_____

_____

_____

www.ingramcontent.com/pod-product-compliance
Lightning Source LLC
Chambersburg PA
CBHW041225040426
42444CB00002B/44